우리
세시풍속도감

### 그림 · 홍영우

홍영우 선생님은 1939년 일본 아이치 현에서 태어났습니다. 어려운 가정 형편 때문에
학교를 제대로 다니지 못해 그림 그리는 일을 동무 삼아 어린 시절을 보냈습니다.
스물네 살이 되던 해 우리말을 처음 배운 뒤 동포 사회에 이바지하고자
책 만드는 일과 그림 그리는 일을 힘껏 해 왔습니다.
1995년 5월, 북녘에서 예술인으로서 받을 수 있는 최고의 영예인 '인민예술가' 칭호를
받았습니다. 일본에서 살면서 평생을 우리 겨레 특유의 해학과 흥이
담긴 그림을 그리는 일과, 우리말과 얼을 지키는 일에 힘써 오다
2019년 10월 20일, 하늘나라로 떠나셨습니다.

### 홍영우 선생님이 걸어온 길

1981년　도쿄 긴자에서 첫 개인전
1993년　남북과 해외 미술인의 코리아 통일 미술전 _ 일본 도쿄, 오사카
2005년　광복 60주년·6·15공동선언 5주년 기념 홍영우·고삼권 2인전 _ 서울 인사아트센터
2010년　홍영우 그림책 원화전 _ 서울 인사아트센터
2011년　홍영우 옛이야기 그림책전 _ 파주 아시아출판문화정보센터
2016년　온 겨레 어린이가 함께 보는 옛이야기 그림책 완간 기념 원화 전시회 _ 파주 보리출판사

### 홍영우 선생님이 남긴 책

《낫짱이 간다》《홍길동》《우리말 도감》《삼형제 토끼》《낫짱은 할 수 있어》
《전래 놀이》《탈춤》《울보 바보 이야기》《열하일기》《똥 도둑질》《메밀묵 도깨비》
《정신없는 도깨비》《딸랑새》《신기한 독》《불씨 지킨 새색시》《옹고집》《생쥐 신랑》
《호랑이 뱃속 잔치》《호랑 감투》《사람으로 둔갑한 개와 닭》《잉어 각시》《조막이》
《재주 많은 일곱 쌍둥이》《빨강 부채 파랑 부채》《도깨비가 준 선물》《토끼와 자라》
《흥부 놀부》《도깨비 방망이》《해와 달이 된 오누이》《도사 전우치》《바보 온달》
《홍길동전》《박씨전》

옛사람들의 삶이 담긴 풍속화 우리 세시 풍속 도감

옛사람들의 삶이 담긴 풍속화

# 우리 세시 풍속 도감

홍영우 그림 · 보리 글

보리

차례

## 풍경과 세시 풍속

| | |
|---|---|
| 집으로 가는 길 | 10 |
| 고향 | 12 |
| 읍내 | 14 |
| 봄나물 하기 | 16 |
| 모내기 | 17 |
| 단옷날 | 18 |
| 빨래터 | 26 |
| 빨래 손질 | 28 |
| 우물가 | 29 |
| 당산나무 | 30 |
| 한여름 휴식 | 32 |
| 고추 말리기 | 34 |
| 감 따기 | 35 |
| 타작마당 | 36 |
| 겨우살이 준비 | 38 |
| 김장 | 39 |
| 메주 쑤기 | 40 |
| 두부 만들기 | 41 |
| 혼례 | 42 |
| 시집가는 날 | 44 |

## 장날

| | |
|---|---|
| 장에 낼 준비 \| 갓 만들기 | 48 |
| 장에 낼 준비 \| 짚신 삼기 | 49 |
| 장에 가는 길 | 50 |
| 장 나들이 | 52 |
| 노상 | 53 |
| 장에 가는 길 \| 나룻배 | 54 |
| 장터 | 56 |
| 김장 시장 | 62 |
| 고추 시장 | 64 |
| 옹기전 | 66 |
| 장독 | 68 |
| 쇠장 | 70 |
| 엿장수 | 74 |
| 포목전 | 76 |
| 대장간 | 77 |
| 노점 | 78 |
| 주막 | 79 |

## 전통 놀이

- 82 널뛰기
- 83 윷놀이
- 84 고싸움
- 86 씨름
- 88 닭싸움
- 89 말뚝박기
- 90 장기
- 91 고누
- 92 그네뛰기
- 93 강강술래
- 94 소꿉놀이
- 95 각시놀음
- 96 투호
- 97 숨바꼭질
- 98 제기차기
- 99 자치기
- 100 팽이치기
- 102 연날리기

## 음악과 춤

- 106 농악
- 108 탈놀이
- 110 들놀음 | 수영야류
- 112 길놀이 | 양주별산대놀이
- 114 옴중춤 | 양주별산대놀이
- 115 주지춤 | 하회별신굿탈놀이
- 116 사자춤 | 북청사자놀이
- 118 팔목중춤 | 봉산탈춤
- 120 거문고
- 121 칼춤
- 122 북춤
- 123 무고무
- 124 장구춤
- 125 화관무

홍영우의 그림 세계

"제2차 세계 대전이 일본의 패망으로 끝났지만 고향으로 돌아갈 수 없었던 아버지는 어린 나를 무릎에 앉혀 놓고 떠나온 고향 이야기를 들려주시곤 했다. 아버지의 이야기를 들으며 나는 한 번도 가 보지 못한 아버지의 고향 마을을 꿈꾸듯 거닐었다. 비록 몸은 일본에 있지만 누구보다도 우리 땅과 우리 전통을 사랑하는 마음을 키우며 살아왔다. 그래서 일제 강점기에 근대화로 얼룩진 모습이 아닌, 소박한 우리 겨레의 정서가 오롯이 남아 있는 모습을 찾아 하나하나 그림으로 담기 시작했다."

- 홍영우 -

# 풍경과 세시 풍속

 우리 조상들은 일도 놀이도 힘을 모아 함께 해 왔다. 모심기도 김매기도 '두레'나 '품앗이'로 하고, 길쌈이나 가마니 짜기도 서로 재주를 겨루며, 다듬이질도 마주 앉아 장단을 맞추어 했다. 힘든 일일수록 여럿이 모여 흥을 돋우며 지혜롭게 했다.
 일뿐만 아니라 놀이도 이웃과 함께 했다. 삼짇날에는 진달래꽃을 따다 화전을 부쳐 먹고, 단오와 백중에는 술과 음식을 마련하여 함께 하루를 즐겼다. 추수가 끝나면 초가지붕에 새로 이엉을 얹고, 김장을 담그고 메주를 쑤어 겨우살이 준비를 할 때면 품앗이로 서로 일을 도왔다. 1910년 일본에게 국권을 빼앗기면서 우리 전통은 하루가 다르게 무너져 갔지만, 농촌에서는 조상들의 지혜를 따르고 우리 것을 지키며 살았다.

## 집으로 가는 길

양지바른 곳에 옹기종기 자리 잡은 초가 마을. 야트막한 산을 등진 들녘 저 건너엔 햇빛을 받아 반짝이는 강물이 흐른다.
해가 뉘엿뉘엿 떨어지면 농부는 쟁기를 지게에 싣고 아낙네는 들밥을 비운 함지박을 이고 밭두렁 길을 걸어 집으로 돌아간다. 하루 종일 쟁기를 끈 소는 여물이 기다리는 집으로 워낭 소리 딸랑대며 느릿느릿 걸어간다.

## 고향

고향 마을은 야트막한 산을 뒤에 두고 앞으로는 물이 흐르는 곳에 있었다. 양지바른 곳에 옹기종기 자리 잡은 초가집들은 추수가 끝나면 새로 이엉을 이어 올렸다.

## 읍내

읍내로 나가면 관리나 장사꾼들이 사는 번듯한 기와집들이 있었는데 대개 안채와 사랑채, 헛간, 곳간 따위가 'ㅁ' 자 모양으로 앉은 똬리집이었다.

## 봄나물 하기

삼월 삼짇날이면 아낙네들은 아이들과 함께 진달래꽃을 따다 동그랗게 빚은 찹쌀떡에 얹어 화전을 부쳐 먹고, 들에 나가 하루를 즐겼다. 고사리, 고비, 달래, 냉이, 고들빼기, 두릅, 곰취……. 온갖 나물이 나기 시작해 나물을 했다. 어디에나 지천으로 나는 쑥은 캐다가 쑥국을 끓이거나 쑥개떡을 해 먹었다.

# 모내기

여름이 시작되면 '모심기 두레'를 한다. 모를 심는 사람, 농악대, 먹을거리를 준비하는 사람처럼 자기가 할 수 있는 일을 맡아서 한다. 모내기를 하는 일은 뙤약볕 아래에서 하루 종일 엎드리고 하는 힘든 일이지만, 서로 힘을 북돋우며 즐겁게 하려고 노래를 부르며 했다. 아낙네들은 때맞춰 푸짐한 못밥과 새참을 함지박에 담아 논둑으로 내왔다.

농악대는 농기를 높이 들고 신나게 풍물을 치고, 목청 좋은 한 사람이 장단에 맞춰 먼저 한 가락을 메기면 다른 사람들이 함께 그 뒤를 받아 노래한다.

#  단옷날 풍경 톺아보기

음력 오월 닷새는 단옷날이다. 보리타작과 모내기를 끝내고 한숨을 돌린다.

단옷날에는 수리취를 뜯어다가 떡을 해 먹고, 산과 들에 나가 놀이를 즐겼다.

단옷날이면 여자들은 창포 잎을 삶은 물에 머리를 감았다.

마을 어귀 큰 나무에 매달아 놓은 그네를 뛰며 놀았다.

두레패는 풍물놀이를 하고, 놀이패가 와서 신명 나는 탈춤 판을 벌인다.

남자들은 힘을 겨루는 씨름을 즐겼다. 단옷날은 온 동네가 마치 잔칫날 같았다.

## 빨래터

하지부터는 날이 제대로 더워지기 시작한다. 논밭에서 하루가 다르게 쑥쑥 자라는 김을 매느라 눈코 뜰 새가 없지만, 아낙네들은 짬을 내어 빨래를 하러 냇가로 나간다. 아이들은 물가에서 흙 놀이도 하고, 물장난도 치며 즐겁게 놀았다.

## 빨래터

시원한 물에 몸도 담그고 이야기꽃도 피우다 보면 김매던 고단함은 금방 사라지곤 했다. 아이들한테도 빨래터처럼 좋은 놀이터가 따로 없었다.

## 빨래 손질

깨끗이 빨아 햇볕에 보송보송 말린 빨래는 풀을 먹이거나 물을 뿜어 손질한 다음 다듬이질을 하거나 다리미질을 했다.

다듬이질은 혼자서 하거나 둘이 마주 앉아 하는데, 둘이 할 때는 서로 힘과 박자를 맞추어 한다. 다리미질은 기다란 손잡이가 달린 동글납작한 쇠 그릇에 숯을 피워 담아 매끄럽게 문질러 주름을 폈다.

# 우물가

마을 한가운데에는 물맛이 좋고 가뭄에도 마르지 않는 큰 우물이 있었다. 물을 길어 동이에 담아 이거나 물지게를 져서 날랐다. 아낙네들은 우물가에서 푸성귀도 다듬고 아이들을 씻기기도 했다. 우물가는 온갖 이야기가 모이고 퍼져 나가는 곳이기도 해서 그새 동네에 무슨 일이 있었는지 다 알 수가 있었다.

## 당산나무

어느 마을이나 마을 들머리에는 아름드리 당산나무가 있었다. 되약볕 아래서 밭을 매다가 지치면 당산나무 그늘 아래서 잠깐 쉬기도 하고, 일 없는 노인들은 장기판을 벌이기도 했다.

할머니들은 일하는 엄마를 대신해 아기를 돌보면서 이야기꽃을 피운다. 아이들은 나무를 타거나 나무 둘레에서 뛰어놀았다.

## 한여름 휴식

지붕 위에 박이 둥글둥글 여물어 가는 여름이면 어른들은 동네 어귀에 모여 농사일로 지친 몸과 마음을 쉬어 갔다. 시원한 막걸리로 목을 축이고, 장기도 두며 더위를 쫓았다. 그늘 아래에서 짚신을 삼거나 하며 시간을 보내기도 했다.

## 고추 말리기

가을 햇볕이 따가워지면 빨갛게 익은 고추를 따서 초가지붕 위에 널거나 마당에 멍석을 펴 놓고 말린다. 일 년 내내 먹을 고추를 손질하는 일은 살림살이에서 가장 중요한 일 가운데 하나였다.

우리나라에서는 고추를 17세기부터 재배하기 시작했는데 임진왜란 때 일본을 거쳐 들어온 것으로 여겨진다. 이때부터 김치를 담글 때 고춧가루를 쓰기 시작했는데 매운맛과 얼큰한 맛을 즐기는 우리 민족 식성에 잘 맞아서 양념으로도 널리 쓰인다.

# 감 따기

감은 익기 전에 따서 곶감을 만들고 나머지는 말랑말랑한 홍시가 되기까지 기다렸다가 따서 먹는다. 홍시 몇 알은 추운 겨울날 새들이 먹게 '까치밥'으로 남겨 두었다.

## 타작마당

추석이 다가오면 이른 타작을 시작한다. 조상님께 올리는 차례상에 햅쌀로 지은 밥과 햅쌀로 빚은 송편을 올려야 하니까.

추석이 지나면 첫서리가 내리기 전에 추수를 서두른다. 논밭에 여문 곡식들을 베어 볏단을 타작마당으로 옮긴다. 한쪽에 낟가리를 쌓고, 한쪽에서는 후려치기 좋게 작은 단으로 묶는다. 개상에서 떨어낸 낟알은 마당에 펴서 말린다. 추수는 힘든 일이어서 마을 사람들이 서로 품앗이한다.

🔴 개상: 탈곡기가 나오기 전에는 단단한 통나무나 돌 위에 볏단을 내려쳐서 낟알을 떨었다. 흔히 통나무 서너 개를 나란히 붙이고 다리를 달아 썼다.

## 겨우살이 준비

상강과 입동이 지나면 서리가 내리고 추워지기 시작한다.
김장거리는 얼기 전에 서둘러 거두어들여 김장을 한다. 푸성귀가 나올 봄까지 먹을 배추김치, 무김치, 갓김치, 섞박지, 동치미 들을 넉넉히 담가 한겨울을 날 준비를 한다. 김장은 살림살이에서 가장 큰 일 가운데 하나였다.

# 김장

배추는 하룻밤 소금에 절여 물기를 빼놓는다. 무, 쪽파, 갓, 미나리, 청각 들은 채 썰어 마늘, 고춧가루, 생강, 젓갈 같은 온갖 양념으로 버무려 김칫소를 만든다.

절인 배추에 김칫소를 켜켜이 넣어 차곡차곡 장독에 담아 땅에 묻고 얼지 않게 짚가리를 덮어 두거나 움집처럼 만든 김치움에 넣어 둔다. 이렇게 보관한 김치는 이듬해 봄까지 두고두고 먹는다.

## 메주 쑤기

김장만큼이나 중요한 살림살이 가운데 하나가 장 담그기다.
먼저, 거둬들인 해콩을 가마솥에 쪄서 절구로 찧고 메주 틀에 넣어 메주를 만든다. 메주는 꾸덕꾸덕하게 말린 다음 짚으로 엮어 온도가 적당하고 바람이 잘 통하는 곳에 매달아서 띄웠다.
하얀 메주 곰팡이가 생기고 잘 마른 메주를 소금물에 담가 두었다가 이른 봄에 장 가르기를 하면 간장과 된장이 된다. 장을 담글 때는 장맛을 좋게 하려고 온갖 정성을 다했다.

# 두부 만들기

메주 만들기가 끝나 좀 한가해지면 해콩으로 두부를 해 먹었다. 두부는 불린 콩을 맷돌에 갈아 콩 물을 짜낸 다음 가마솥에 끓여 간수를 넣고 굳혀서 만든다. 생두부에 김장 김치를 얹어 먹거나 콩 물을 짜고 남은 비지에 묵은 된장과 우거지를 넣어 끓이면 그런 별미가 없었다.

## 혼례

추수가 끝나서 곳간도 그득하고 김장이며 메주 만들기도 끝나 몸도 마음도 넉넉한 시기가 되면 미루어 오던 혼례를 치른다. 한 살이라도 나이를 더 먹기 전에 혼례를 치르려고 한 해가 끝나는 무렵인 세밑 전에 혼사를 서둘렀다.

혼인날 신랑은 아침 일찍 사모관대를 차려 입고 말을 타고 신부 집으로 간다. 신랑의 삼촌이나 집안 어른이 앞서고 신부를 태우고 올 가마가 뒤따라간다.

## 시집가는 날

신부 집에 도착한 신랑은 신부와 혼례식을 치르고 신부 집에서 하룻밤을 지낸다. 혼례를 치른 이튿날 아침, 신랑은 신부를 데리고 신랑 집으로 간다. 떠나면서 장인 장모에게 인사를 드리는데 신부도 신랑을 따라 부모에게 큰절을 올린다. 신부가 가마에 오르면 신랑이 말을 타고 앞장선다.

신부 어머니는 정성껏 마련한 이바지 음식을 고리에 바리바리 담아 실어 보냈다.

● 이바지 음식: 흔히 떡, 유밀과, 포, 과일, 술 따위를 골고루 갖춰서 보내는데 이것으로 신부 집의 음식 솜씨를 짐작했다고 한다. 신랑 집에서는 신부 집에서 보낸 이바지 음식으로 다시 한 번 신부 맞이 잔치를 벌였다.

# 장날

옛날에는 닷새마다 장이 열렸다. 오일장은 조선 초기에 곳곳에 생기기 시작해서 조선 말에는 전국에 크고 작은 장이 열렸다.
강을 따라 소금이나 해산물을 실은 배가 올라오고, 각 지역에서 곡식, 채소, 가축, 과일 들이 몰려들었다. 약초나 인삼, 농사짓는 틈틈이 길쌈을 한 삼베와 무명, 땔감으로 쓸 나무나 숯도 장에 나왔다.

## 장에 낼 준비 | 갓 만들기

갓은 손이 많이 가고 다루기가 까다로운 재료를 쓰기 때문에 흔히 대대로 솜씨를 물려받은 집안에서 만들었다.

갓모자는 말총으로 엮는데 제주도 말총을 으뜸으로 쳤다. 갓양태는 대나무를 실처럼 가늘게 쪼개어 만들었다. 갓모자와 갓양태가 만들어지면 명주를 입히고 옻칠을 한 다음 인두질, 아교칠, 먹칠, 옻칠을 번갈아 하며 조립한 뒤 완성했다.

갓 하나를 만드는 데 50번이 넘는 손길이 간다고 한다.

## 장에 낼 준비 | 짚신 삼기

농사일이 힘든 할아버지들은 때때로 짚신을 삼았다. 짚신은 볏짚으로 새끼를 가늘게 꼬아 신틀에 걸어 삼는데, 틀이 없으면 두 엄지발가락에 두 가닥씩 새끼를 걸어 삼았다. 마른 볏짚이 바스라지지 않게 물에 불려 부드럽게 하여 삼았다. 삼은 짚신은 한 죽씩 꿰어 모아 두었다가 장에 내다 팔았다.

## 장에 가는 길

장터로 물건을 내러 가는 사람들은 먼동이 트기 전부터 장에 갈 채비를 서두른다. 떡함지며 대나무로 결은 소쿠리를 이고, 소금이나 볏섬을 지고, 소를 끌고 섶 다리를 건너 아직 어둠이 채 가시지 않은 길을 따라 장터로 간다.

## 장 나들이

닷새나 이레마다 서는 장날에는 농사지은 것을 내다 팔고, 반찬거리나 살림에 필요한 것들을 사기도 하지만, 온 식구가 함께 나들이를 가기도 한다. 어머니 아버지 따라 장에 나서는 아이들은 새 고무신 사 준다는 약속에 마냥 신이 난다.

## 노상

장터로 가는 길목에는 할머니들이 텃밭에서 딴 호박 몇 개, 산에서 캔 나물이나 약초 몇 뿌리 따위를 펼쳐 놓고는 이야기꽃을 피우는데, 파는 사람도 사는 사람도 따로 없다.
떡을 팔러 가는 아낙네, 동생을 데리고 장 보러 가는 처녀, 망태를 멘 총각 들이 그 앞을 바쁘게 지나간다.

## 장에 가는 길 | 나룻배

장마당은 흔히 교통이 편리한 강가에 자리 잡았다. 먼 곳에서 장을 보러 갈 때에는 나룻배를 타고 가기도 한다.

나룻배에는 나무꾼도 타고, 탁발하러 가는 스님도 타고, 아이들을 데리고 장을 보러 가는 아낙네들도 탄다. 딱히 살 것이 없어도 할아버지 할머니는 손자를 데리고 세상 구경 삼아 장 나들이에 나선다.

# 장터

## 장터

장터에는 싸전, 어물전, 포목전, 채소전, 나무전, 옹기전, 그릇전, 국밥집과 술집, 대장간 들이 들어선다.
장을 보러 오는 사람, 물건을 흥정하는 사람, 엿장수, 놀이패, 약장수, 각설이, 구경꾼 들로 하루 종일 흥청거린다.

## 김장 시장

김장철에 열리는 장에서는 온갖 김장거리를 사고팔았다. 배추, 무, 쪽파뿐만 아니라 양념으로 쓸 고추, 마늘, 생강, 젓갈처럼 김장에 필요한 농산물이며 추수한 곡식과 열매들이 풍성했다.

## 고추 시장

예부터 고춧가루와 고추장은 우리네 밥상에서 빠질 수 없는 중요한 먹을거리였다. 음식에 넣는 양념으로도 고추를 두루 썼다. 가을이면 장마다 고추 시장이 크게 열리고, 아낙네들은 좋은 고추를 고르느라 꼼꼼하게 살폈다. 햇볕에 잘 말려서 선홍색이고 살이 두꺼운 고추를 음식에 넣으면 색깔도 곱고 매우면서도 단맛이 난다.

## 옹기전

옹기는 질그릇과 옹기그릇을 말한다.
장은 음력 정월에 담가야 가시가 생기지 않아서 이때쯤이면 옹기전이 크게 열린다.
장맛을 잘 내려면 먼저 좋은 독을 골라야 한다. 두드려 보아 맑은 소리가 나고 모양이 반듯하며 금이 가거나 물이 새는 구멍이 없는지 잘 살펴서 고른다.

가시: 된장 따위에 생긴 구더기.

# 장독

장독은 일 년 내내 먹을 곡식이나 장을 보관하는 그릇이다. 특히 간장, 된장, 고추장 같은 발효 식품을 저장하는 데는 흙으로 빚은 옹기가 안성맞춤이다.

옹기는 쓰임새와 크기에 따라 동이, 단지, 항아리, 독 따위로 나눈다. 그 가운데 가장 기본이 되는 것은 장을 저장하는 '장독'이다.

## 쇠장

쇠장은 장날에 맞춰 열렸다. 새벽부터 소를 팔려고 나오는 사람, 일소를 구하거나 키울 송아지를 사러 온 농부들이 많았다.
튼튼한 소를 고르려고 이빨이나 뿔, 털 빛깔, 몸집 들을 꼼꼼히 살펴보는데, 소를 사고팔 때는 거간꾼이 약간의 품삯을 받고 다리를 놓았다.

# 쇠장

김천 쇠장은 나라 안에서 가장 큰 쇠장으로 횡성 쇠장, 수원 쇠장과 함께 3대 쇠장으로 불렸다. 김천 쇠장에는 하루에 소 500~600마리가 나왔는데 멀리 경기도나 충청도에서도 소를 몰고 왔다.

## 엿장수

군것질거리가 귀하던 시절, 어머니 따라 장에 가면 엿판을 목에 멘 엿장수가 꼭 있었다. 엿장수는 엿가위를 신나게 절겅대며, 구성지게 엿타령을 불러 손님들을 끌었다.
아이들은 엿장수 뒤를 졸졸 따라다니며 침을 꼴깍거렸다. 어쩌다 어머니가 엿 한 가락을 사 주거나 인심 좋은 엿장수가 부스러진 엿 조각을 맛보기로 주는 날에는 오래오래 아껴 가며 엿을 빨아 먹었다.

## 포목전

명절이 가까워지면 장터 포목전 앞에는 추석빔이나 설빔을 마련하려는 사람들의 발길이 잦아진다. 색깔 고운 천을 떠 온 어머니는 밤새워 아이들 옷을 지어 입혔다.

아이는 감기는 눈을 비비면서 어머니가 바느질하는 모습을 곁에서 지켜보다 잠들곤 했다. 새 옷 대신 새 고무신 하나만 얻어도 온 세상을 얻은 듯 행복했던 시절이었다.

# 대장간

농사철이 시작되는 이른 봄이면 농부들은 농기구를 마련하거나 손보려고 장터 한 모퉁이에 있는 대장간에 들렀다.
대장장이는 풀무질로 불을 피운 화덕에서 벌겋게 무쇠를 달궈 내어 메질과 담금질로 호미, 낫, 괭이 들을 만들고, 사람들이 쓰다 가져온 농기구나 칼 들을 고쳐 새것처럼 만들어 주었다.

## 노점

새벽부터 먼 길을 걸어온 장꾼들은 노점에서 파는 국밥이나 죽 한 그릇으로 허기를 달랬다. 뜨끈한 국밥 한 그릇으로 추위에 언 몸을 녹이기도 했다. 여름이면 국수를 팔기도 했다.

## 주막

큰 장이나 쇠장에는 멀리서 온 장사꾼에게 먹을 것과 잘 곳을 마련해 주는 주막이 여럿 있었다.
장이 파할 무렵이면 물건을 잘 팔아서 주머니가 두둑해진 장사꾼들이 들러 푸짐하게 한 상 차려 먹거나 막걸리를 주고받으며 세상 돌아가는 이야기를 나누기도 했다.

# 전통 놀이

우리 할아버지와 할머니, 그보다 더 먼 옛날에 살던 우리 조상들이 놀던 민속놀이 가운데 오늘날까지 전해 오는 놀이를 전통 놀이, 전래 놀이라고 한다. 전통 놀이는 우리나라에서 생긴 것도 있고 다른 나라에서 들어와 우리 정서에 맞게 조금씩 모습을 바꿔 가며 우리 놀이로 자리 잡은 것도 있다.

아이들 놀이와 달리 어른들 놀이는 마을의 안녕과 풍년을 비는 뜻을 담거나, 공동체 의식에 바탕을 둔 군중 놀이가 많다.

오랜 시간 동안 이어져 온 전통 놀이는 우리 조상의 풍습과 마음까지 엿볼 수 있는 소중한 자산이다.

## 널뛰기

설날이나 대보름날이면 여자들은 고운 옷을 차려입고 한데 모여 널을 뛰었다.

널뛰기는 긴 널 가운데에 짚방석이나 멍석을 괴어 놓고 양쪽에 두 사람이 서서 번갈아 발로 구르면서 뛰어올랐다 내렸다 하는 놀이다. 널을 힘껏 굴러 상대편을 널에서 떨어지게 하면 이긴다.

# 윷놀이

설날부터 대보름날까지는 농사일을 쉬고 명절을 즐겼다.
윷놀이는 두 사람 이상, 짝수면 몇 사람이든지 할 수 있는 놀이다.
어른이나 아이, 남자나 여자 누구나 다 같이 즐길 수 있어서 빠질 수 없는 명절놀이였다.

윷놀이는 편을 갈라서 윷으로 승부를 겨루는
놀이다. 윷판에 동그라미 29개로 윷밭을 그려 놓고
윷가락 넷을 가지고 논다.

## 고싸움

대보름날 이틀 전부터 마을 사람들이 모여서 고를 만들고 윗마을과 아랫마을로 나눠서 대보름날 오후부터 고싸움을 벌였다. 싸움을 벌이는 동안 풍물패가 흥을 돋우었다. 고와 고가 마주 바라보면서 서서히 다가가서 고머리를 서로 마주 댔다가 떨어지기를 몇 번 거듭하다가 상대편의 고 위에 자기편의 고를 얹어 짓눌러 땅에 닿게 하면 이긴다. 고 위에 줄패장이 서서 싸움을 지휘한다. 며칠을 해도 승부가 나지 않으면 고를 풀어 다시 긴 줄로 만들어 음력 이월 초하룻날에 줄다리기로 마지막 승부를 겨루었다.

## 씨름

씨름은 단옷날부터 추석까지 놀았다. 농촌에서는 두레의 하나로 씨름을 했는데 힘을 겨루되 맞서 싸우는 것이 아니라 놀이로 즐겼다. 그런데 단옷날이나 추석에 열리던 씨름 대회는 힘자랑을 하는 겨루기로 바뀌었다. 이때는 한마을 사람만 참가하는 것에 그치지 않고 마을 대항으로 이루어졌는데 마을과 마을의 이름난 장사들이 장터에서 만나 씨름판을 벌였다.
씨름판의 크기에 따라 차이가 있었지만 황소나 송아지, 그 아래는 광목 같은 옷감을 상품으로 걸었다.

●
살바를 오른쪽 넓적다리에 매고 상대방이 왼손으로 이를 잡게 하는 것이 왼씨름이고, 살바를 왼쪽 넓적다리에 매고 상대방이 오른손으로 이를 잡게 하는 것이 오른씨름이다. 보통 마을에서는 살바 없이 씨름을 벌이기도 했다. 이를 민둥씨름이라 했다.

## 닭싸움

선 채로 한쪽 다리를 들어 올려 두 손으로 잡고, 다른 다리는 깨금발로 뛰면서 무릎이나 몸으로 상대방을 밀어 넘어뜨리면 이기는 놀이다. 사내아이들은 산에서 꼴을 베다가도 잠시 쉴 때면 둘씩 맞붙어 닭싸움을 했다.

한 다리로 콩콩 뛰면서 뒤뚱거리는 모습이 닭을 닮았다고 해서 '닭싸움'이라 불렀는데 '깨금발 싸움' '무릎싸움'이라고도 한다. 여러 사람이 뒤섞여서 하기도 한다.

## 말뚝박기

말뚝박기는 아이들이 말을 타고 싶은 마음에서 생긴 놀이인데, 담벼락이 있는 곳이면 어디서나 아이들이 모여 즐겼다.

여럿이 두 편으로 나누어 노는데, 대장이 가위바위보를 해서 진 편이 말이 되어 엎드리고 이긴 편은 말을 탄다. 말에 올라타다가 떨어지거나 올라타고 있는 동안 발이 땅에 닿으면 진다. 또는 말이 올라탄 사람의 무게를 견디지 못하고 무너져 내리면 진다.

# 장기

어린아이부터 할아버지까지, 언제 어디서든지 누구나 즐기면서 슬기를 기를 수 있는 놀이다.
아무리 더운 여름날이라도 시원한 나무 아래서 장기판을 벌이면 두는 사람도, 구경꾼도, 훈수꾼도 모두 더위를 잊고 빠져들었다.

🪙
장기: 두 사람이 장기판 위에 붉은색과 푸른색 장기짝을
각각 열여섯 개씩 두고 움직여서 겨루는 놀이다.
둘 가운데서 더 잘 두는 사람이 붉은색 장기짝을 집는데
서로 잡고 물리고 하면서 겨루다가 상대편 우두머리를
잡을 수 있는 자리에 장기짝을 놓게 되면 '장이요!' 하고
소리친다. 이때 잘 피하면 '멍이요!' 하고 맞받고,
피하지 못하고 잡히면 판이 끝난다.

# 고누

고누는 땅바닥에 꼬챙이로 말판을 그리고 말로 쓸 작은 돌멩이 몇 개만 있으면 즐길 수 있는 놀이다.
길고 긴 여름날이면 아이들은 당산나무 그늘에 모여 어른들이 장기나 바둑을 두는 것을 어깨너머로 배운 솜씨로 고누를 두었다.

고누: 고누는 바둑이나 장기보다 간단하고 배우기 쉬워서 누구나 즐겨 했다. 우물고누, 호박고누, 줄고누, 곤질고누 들이 있다.

## 그네뛰기

그네뛰기는 주로 여자들이 하던 놀이다. 사월 초파일 무렵이면 동네 어귀에 있는 큰 나무의 가장 튼튼한 가지에 그넷줄을 매어 놓고 초파일부터 단옷날까지 그네뛰기를 즐겼다.

단옷날에는 그네뛰기 시합을 했는데 여자들은 고운 옷을 입고 발판에 올라타고 힘차게 굴러 누가 하늘 높이 올라가는지 겨루었다.

그네뛰기는 고려 때부터 즐겼다. 혼자서 타는
외그네와 둘이 마주 올라타고 뛰는 쌍그네가 있다.

## 강강술래

추석이나 대보름날처럼 달 밝은 밤에는 동네 여자들이 모여 손을 잡고 둥글게 서서 함께 노래를 부르며 놀았다.
왼쪽으로 돌았다 오른쪽으로 돌았다 하다가 맨 앞사람이 끄는 대로 원을 좁혔다 넓혔다 하고, 원을 풀어 똬리를 틀었다 풀었다 하기도 한다.

처음에는 느린 가락에 맞추어 천천히 돌다가
가락이 점점 빨라지면 나중에는 뛰다시피 도는
흥겨운 놀이다.

## 소꿉놀이

소꿉놀이는 또래 동무나 언니, 동생 들이 모여 어머니나 아버지, 아기로 나누어 저마다의 역할을 하며 노는 놀이이다.

밥으로 쓸 감꽃을 줍고, 풀잎을 뜯어다 김치도 담그고 나물 반찬도 만들어 사금파리, 조개껍질 그릇에 곱게 담아 밥상을 차려 놓고서는 맛있게 먹는 시늉을 하며 놀았다. 아기가 된 동생이 앙앙 우는 시늉을 하면 엄마처럼 의젓한 목소리로 달래거나 자장가를 부르며 재우기도 하면서 어른이 되는 경험을 한다.

## 각시놀음

햇살이 따뜻한 봄이 되면 여자아이들은 들에 나가 잘 끊어지지 않는 긴 풀잎을 따다 인형을 만들어 놀았다.

대나무 조각 윗부분에 풀을 비끄러매어 머리를 만들고 작은 나뭇가지를 비녀처럼 찔러서 머리가 풀어지지 않게 한 다음 고운 빛깔 천으로 치마저고리를 만들어 입혔다.

예쁜 각시를 만들고 나면 바지저고리를 입힌 멋진 신랑도 만들어 혼례를 올리고 혼인 생활을 흉내 내며 놀았다. 집 안에서 놀 때는 이부자리며 병풍까지 차려 놓고 놀기도 했다.

## 투호

화살을 던져 단지 구멍 안에 넣는 놀이다. 화살 길이보다 두 배 반쯤 떨어진 곳에 서서 화살을 네 개 던져 더 많이 넣는 쪽이 이긴다. 조선 시대에는 궁궐 잔치 때나 군대 행사 때 놀았지만 근대로 오면서 누구나 노는 놀이가 되었고 몸을 많이 움직이지 않아서 어린아이나 여자들이 즐겨 놀았다.

# 숨바꼭질

장독 뒤, 김치움, 여물이 수북이 쌓인 헛간, 텃밭이나 들에 쌓아 놓은 커다란 노적가리……. 추수가 끝나면 집 안팎은 어디나 숨을 곳 천지였다. 숨바꼭질하느라 애써 쌓아 놓은 볏짚 더미들이 무너져 내려 어른들에게 들키는 날이면 혼이 나기도 했지만 술래도 숨는 아이도 마냥 신이 나서 온 동네를 뛰어다녔다.

## 제기차기

제기차기는 발로 제기를 차면서 노는 놀이다.
한 번 차고 그 발을 땅에 대었다가 다시 차는 맨제기, 차는 발이 땅에 닿지 않게 차는 헐렁제기, 두 발로 번갈아 차는 두발제기가 있다. 제기를 땅에 떨어뜨리지 않고 오래 차는 사람이 이긴다.

제기는 얇은 종이로 엽전을 싸고 한쪽 끝을
구멍에 꿰어 낸 다음, 제기가 공중에서 떨어질 때
날개를 단 듯이 천천히 떨어지도록 꿰어 낸 종이를
세로로 가늘게 잘라 술을 풍성하게 만들었다.

# 자치기

자치기는 채(긴 막대)로 알(짧은 막대)을 치거나 튕기는 놀이다. 추수가 끝난 들녘이나 빈터 한쪽에 지름이 손 한 뼘만 하게 얕게 흙을 파고, 그 둘레에 한 발쯤 되게 진을 그린 다음 편을 나누어 채로 알을 치거나 튕긴다. 채로 쳐서 튕겨 올린 알을 다시 힘껏 멀리 쳐 낸 다음 그 거리를 채로 재어서 멀리 보낸 쪽이 이긴다.

알이 땅에서 톡톡 튕겨 오르는 모습이
메뚜기가 뛰어오르는 것 같다고
'메뚜기치기'라고도 한다.

## 팽이치기

팽이치기는 단단하고 판판한 땅이나 얼음판 위에서 팽이채로 팽이 허리를 잇달아 쳐서 돌리는 놀이다. 누구 팽이가 쓰러지지 않고 가장 오래 돌아가는지를 겨룬다. 때로는 돌고 있는 팽이를 맞부딪쳐 상대방 팽이를 쓰러뜨리는 팽이 싸움도 한다.

팽이는 둥글고 짧은 나무 한쪽 끝을 뾰족하게 깎아 만들고 팽이채는 나뭇가지 끝에 노끈을 달아 만든다.

## 연날리기

초겨울부터 연날리기를 시작하는데 추위도 아랑곳없이 찬 바람 부는 언덕이나 들판에 나가 연을 날렸다.
연 높이 띄우기, 얼레에 감긴 실을 풀었다 감았다 하며 공중에서 재주 부리기, 상대방의 연줄을 끊어 연을 날려 버리는 연싸움 놀이 들을 했다.

연날리기는 삼국 시대부터 했다. 통신이나 군사적 목적으로 쓰이다가 겨울철 놀이로 자리 잡았다. 연은 생김새에 따라 방패연, 가오리연 들로 나누고, 색지나 물감으로 꾸밈에 따라 꼭지연, 동이연, 반달연, 치마연, 박쥐연, 호랑연 들로 달리 부른다.

# 음악과 춤

우리 조상들은 언제 어디서나 음악과 춤추기를 즐겼다. 양반들은 보고 즐기던 것에 견주어 백성들은 스스로 음악을 연주하고 한데 어울려 춤을 췄다. 이런 음악이나 춤, 놀이를 민속음악이나 민속무용이라 부르는데 가장 널리 즐겼던 것이 농악과 탈놀이다.

근래에 들어오면서 불교 의식 때 추던 법고춤, 굿을 할 때 추던 살풀이춤, 궁중에서 추던 칼춤이나 화관무 들이 새로 다듬어져 무대에 오르고 있다. 또 양반들이 즐기던 가야금, 거문고, 해금, 퉁소 들을 연주하는 산조나 판소리 들도 쉽게 만날 수 있어서 우리 조상들의 멋과 흥을 함께 느끼고 즐길 수 있게 되었다.

## 농악

농부들은 김을 매거나 모내기를 할 때도 농요를 부르고 농악을 연주했다. 명절이나 잔치 때에는 탈놀이 판을 벌이기 전에 길놀이를 하면서 농악과 함께 춤판을 벌였다. '농자천하지대본'이라고 쓴 큰 깃발을 앞세우고 상쇠가 꽹과리를 치며 농악대를 이끌면 함께 악기를 치면서 노래하고 춤추며 때때로 재주도 부리며 논다. 구경꾼들도 흥이 나서 추임새를 넣거나 춤을 추면서 농악대와 하나가 되어 논다.

농악은 꽹과리, 징, 북, 장구가 기본이 된다. 명절이나 마을 축제 같은 때는 태평소, 소고, 잡색 들을 더하고 같은 악기를 여러 명이 연주하기도 하여 15명쯤 되는 농악대를 이룬다.

## 탈놀이

탈놀이는 오랜 세월 동안 우리 겨레의 삶과 함께 해 왔다. 큰 장이 서거나 명절이면 탈놀이 판을 벌였다.

탈을 쓰고 흥겨운 몸짓에 질펀한 욕도 해 가면서 힘 가진 윗사람들이 잘난 체했던 것, 거짓말했던 것들을 시원하게 까발린다. 이처럼 응어리를 푸념이나 눈물로 풀지 않고 마음속 깊이 자리한 신명으로 흥겹게 풀었다. 잘못 돌아가는 세상일도 맘대로 꼬집고 비틀어 버리면서 배꼽 빠지게 웃기고, 웃으면서 한바탕 놀다 보면 속이 다 후련해지고, 그동안 받았던 상처들도 어느새 아물어 다시 살아갈 기운을 낼 수 있었다.

# 들놀음 | 수영야류

들놀음은 부산 지방에서 놀던 민속놀이다. 농사를 짓는 터전인 들에서부터 시작하는 놀이라는 뜻으로, 탈놀이를 벌이기 전에 줄다리기나 길놀이, 그리고 모두가 함께 춤추고 노는 춤 놀이판을 벌였다.

낙동강 동쪽 수영에서 놀던 수영야류는 정월 대보름날에 놀았는데, 낮에는 마을신을 모시는 서낭당과 큰 우물에 들러 고사를 지내고, 보름달이 뜨면 손에 손에 등을 들고서 탈놀이 패, 길군악대, 팔선녀, 사자 들이 노래하고 춤추며 마을 한복판에 마련된 놀이마당으로 갔다.

구경꾼들도 장단을 맞추거나 어울려 흥겹게 춤을 추며 밤을 새워 놀았다.

# 길놀이 | 양주별산대놀이

경기도 양주 지방의 양주별산대놀이는 삼월 삼짇날, 사월 초파일과 오월 단오, 구월 중양절 같은 명절이나 농사와 관련된 절기마다 놀았던 탈놀이다.

탈놀이에 앞서 마을을 돌면서 쌀이나 돈을 걷는 길놀이를 한 다음 놀이마당에서 탈과 음식을 차려 놓고 고사를 지냈다. 큰 장이나 기우제를 올릴 때에도 판을 벌였다.

## 옴중춤 | 양주별산대놀이

양주별산대놀이 가운데 옴중춤은 중이 나와 추는 춤이다. 먼저 느린 염불 장단에 맞춰 팔을 벌린 채 긴 장삼을 뿌리며 느릿느릿 거드름춤을 춘다. 그러다 다시 빠른 타령 장단에 맞추어 무릎을 깊이 구부렸다가 위로 뛰어오르고 팔을 힘껏 뿌리며 신명 나게 춤을 춘다. 움직임이 빠르고 동작이 커서 양주별산대놀이에 나오는 춤 가운데 가장 활달하고 멋진 춤이다.

## 주지춤 | 하회별신굿탈놀이

경상북도 안동 하회마을에서 정월 초이튿날 노는 하회별신굿탈놀이는 주지 두 마리가 나와 춤을 추면서 시작한다.

암수 주지 두 마리는 큰 몸짓으로 서로 마주 보고 춤을 추기도 하고 껑충껑충 뛰면서 온 마당을 휩쓸고 다니는데 서로 물기도 하고 엉켜서 엎치락뒤치락하며 싸우기도 한다. 이렇게 서로 싸우다가 암놈이 수놈을 이기는데 이것은 농사가 잘되고 아이를 많이 낳길 바라는 조상들의 마음이 담긴 것이다.

주지춤은 탈을 얼굴에 쓰는 것이 아니라
손에 들고 논다.

# 사자춤 | 북청사자놀이

북청사자놀이는 함경남도 북청에서 대보름날에 놀던 탈놀이다. 마당놀이가 끝나면 커다란 사자탈을 뒤집어쓴 놀이꾼이 나와 사자춤을 추면서 시작한다. 사자놀이가 끝나면 사자가 집집마다 돌며 나쁜 귀신을 쫓는 의식을 벌였다.

# 팔목중춤 | 봉산탈춤

절에 살던 목중 여덟이 속세에 내려와 술을 마시고 노래와 춤을 즐기면서 계율을 어기는 모습을 춤으로 보여 준다.

봉산탈춤은 황해도 봉산 지방에서 놀던 탈놀이다. 팔목중춤은 여덟 목중이 타령 장단에 맞춰 차례로 나와 저마다 춤 솜씨를 자랑하고 마지막에는 여덟 명이 다 나와 함께 춤춘다. 몸짓이 크고 활달하다.

## 거문고

거문고 소리는 꾸밈없이 산뜻하고 깊다. 거문고는 마음을 다스리는 악기라 여겨 연주할 때도 마음가짐을 첫째로 꼽았다.
북이나 장구 장단에 맞추어 홀로 연주하는 거문고 산조는 정해진 악보 없이 여러 가지 가락과 장단에 맞춰 자유롭게 연주하는 소박한 음악으로 우리 정서와 잘 맞았다.

거문고는 한쪽 무릎에 얹어 놓고 오른손에
술대를 잡고 줄을 뜯어서 소리를 낸다.
왼쪽 손가락으로는 줄을 힘주어 밀거나
짚어 가면서 음을 바꾼다.

# 칼춤

두 사람 또는 네 사람이 전립을 쓰고 무관 옷차림을 하고서 양손에 칼을 들고 마주 보고 추는 춤이다.

먼저 꿇어앉아 바닥에 있는 칼을 잡고서 칼날을 세워 찌르거나 베는 동작을 하다가 칼날을 회오리바람처럼 돌리면서 일어나 두 팔을 펴 들고 빙빙 돌면서 춤을 춘다. 칼놀림이 우아하고 정교해서 웅장하면서도 편안한 느낌을 준다.

칼춤은 신라 때부터 민간에서 탈을 쓰고 추던 춤인데
조선 시대에 궁중 행사 때 추게 되면서 탈이 없어지고
여럿이 추는 춤으로 바뀌었다.

## 북춤

북춤을 출 땐 북을 몸 앞에 딱 붙인 다음 어깨끈을 메고, 허리끈으로 조여 묶는다. 양손에 북채를 쥐고 장구 치듯 치는 북춤은 굿거리 가락을 많이 쓰고 춤을 많이 보태어 소리와 춤이 하나로 어우러져서 힘차면서도 섬세하다.

어깨춤, 까치걸음, 제자리 뛰기, 빠르게 돌기처럼 춤사위도 화려하여 여자들이 즐겨 춘다.

농악에서 흥을 돋우던 북놀이를 따로 독립시켜 만든 춤으로 혼자서 추거나 여럿이 춘다.

## 무고무

궁궐에서 잔치가 있을 때 추던 북춤이다. 다리가 달린 북틀 위에 작은 북을 눕혀 놓고 화려한 비단 천을 둘러 꾸민다. 그런 다음 네 사람이나 여덟 사람이 북을 에워싸고 둥글게 돌면서 두 손에 든 북채로 북을 두드리거나 굿거리장단에 맞춰 아름다운 춤을 추었다. 고구려 때부터 추었다.

## 장구춤

장구춤은 농악에서 장구재비들이 추는 설장구춤에서 왔다. 장구를 비스듬히 어깨에 둘러메고 오른손에 채를, 왼손에 궁굴채를 들고 장구를 치면서 가볍게 발을 옮기기도 하고 뛰기도 하면서 춘다. 처음엔 느린 장단에 맞추어 흥청거리는 춤을 추다가 빠른 장단에 다양한 장구 가락과 춤사위를 보여 주는 흥겨운 춤이다.

## 화관무

화려한 원삼을 입고, 오색 구슬로 찬란하게 장식하고, 나비 장식을 하늘거리게 단 화관을 쓰고 긴 한삼을 공중에 뿌리며 춤을 춘다. 궁중 의식이나 잔치 때 추던 궁중 무용과 옷차림은 같으나 근래에 새로 만든 춤이다.

# 홍영우의 그림 세계

## 홍영우의 그림 세계

일본에서 태어난 홍영우 선생님은 어려운 가정 형편 때문에 학교에서 그림이나 우리말을 배우지 못했다. 어려서부터 혼자서 책을 스승 삼아 그림을 그리고 스무 살이 지나서야 우리말을 깨쳤다.

이렇게 홀로 공부하던 긴 시간을 보내고 나이 서른이 지나 처음으로 그림책 《홍길동》을 펴냈다. 그 뒤에 《우리말 도감》을 펴냈는데 일본 사회에 동화되어 가는 재일 동포 어린이들한테 우리말을 가르치고, 민족 정서와 감성을 깨우치게 하려는 선생님의 뜻이 담겨 있다. 2006년 한국에서 한글판 《홍길동》이 출판되면서부터 2019년 10월 돌아가시는 날까지 《탈춤》, 《전래 놀이》 같은 〈겨레 전통 도감〉에 그림을 그리고, 《열하일기》, 《박씨전》, 《낫짱이 간다》 같은 책에 삽화를 그렸다.

특히 〈온 겨레 어린이가 함께 보는 옛이야기〉 스무 권은 직접 글을 쓰고 그림을 그렸다. 이 옛이야기 그림책에 사람, 동물, 도깨비 등 다양한 캐릭터를 간결하면서도 활달한 필치로 그렸는데, 주인공 뿐만 아니라 화면 한구석에 있는 조그마한 사람이나 동물까지도 재미있는 표정이나 몸짓으로 저마다 하고 싶은 이야기를 담았다.

홍영우 선생님은 이야기 속에 등장하는 사람의 옷차림, 배경에 있는 나무 한 그루, 가구, 연장 들 하나하나를 허투루 그리지 않고 정확한 관찰과 고증을 통해 우리 겨레의 옛날 풍경과 세시 풍속을 생생하게 그려 냈다.

홍길동  2006, 430 × 270mm

## 사신 행렬도 | 열하일기

조선 시대에 청나라 건륭제의 칠순 잔치를 축하하러 연경으로 가는 사신 행렬의 모습을 홍영우 선생님이 새롭게 그린 그림이다. 관리, 군졸, 짐꾼 등 200명이 넘는 사람을 옷차림, 몸짓, 표정 하나까지 꼼꼼하게 그렸다.

열하일기 2010, 2020 x 340mm

## 정신없는 도깨비

우리나라 도깨비는 뿔이 없다. 덩치는 크지만 무섭게 생기지도 않고 사람을 해치지도 않는다. 홍영우 선생님은 '우리 도깨비' 모습을 표현하기 위해 수많은 자료를 찾아 가장 우리 도깨비다운 모습을 그려 냈다. 이 책에 나오는 도깨비는 어리숙해 보이기도 하고 짓궂은 장난꾸러기 같아 보이기도 하는 순박한 얼굴이다. 도깨비조차도 우리 겨레의 품성을 그대로 닮았다.

정신없는 도깨비  2007, 613×315mm

## 토끼와 자라

깊은 바닷속에 살던 자라가 용왕의 병을 고치려고 토끼를 꾀어 용궁으로 데려간다. 고래, 문어, 상어, 오징어, 불가사리, 말미잘 등 바다에 사는 온갖 생물과 함께 신비한 용궁의 모습을 재미있게 그려 마치 진짜 용궁을 눈앞에서 보는 듯하다.

토끼와 자라  2013, 613 x 315mm

## 각설이

익살스러운 표정의 악사들 모습을 담아낸 그림이다.
해금은 궁중 음악부터 마당놀이까지 두루 쓰였다. 타는 악기 가운데 줄 수가 가장 적은 두 개이고, 가볍고 만들기도 쉬워서 흔히 길거리 악사들이 들고 다니며 연주했다.

● 해금은 코맹맹이 소리가 난다고 '깽깽이'라고도
불렀다. 기쁨, 노여움, 슬픔, 즐거움을 모두 소리로
낼 수 있고 짐승이 내는 울음소리와 자연에서 나는
온갖 소리를 흉내 낼 수 있다.

## 노점상

추운 겨울날 장터 한구석에 짐 보따리를 펼쳐 놓은 아낙네 앞에서 손님이 주머니를 뒤져 잔돈을 찾고 있다. 어렵지만 따뜻하게 살아 가는 사람들의 모습이 정겹다.

홍영우 선생님은 풍속화와는 달리 서민의 삶을
그릴 때에는 군더더기 없는 굵고 간결한 필치로
소박하게 그렸다.

개똥이네 책방 46

옛사람들의 삶이 담긴 풍속화
## 우리 세시 풍속 도감

2020년 10월 20일 1판 1쇄 펴냄 | 2023년 5월 17일 1판 4쇄 펴냄

그림 _ 홍영우
글 _ 보리
편집 _ 김누리, 김로미, 이경희
교정 _ 김성재
디자인 _ 이안디자인
제작 _ 심준엽
영업 _ 나길훈, 안명선, 양병희, 조진향
독자 사업(잡지) _ 정영지
새사업팀 _ 조서연
경영 지원 _ 신종호, 임혜정, 한선희
분해와 인쇄 _ (주)로얄프로세스
제본 _ 과성제책

펴낸이 _ 유문숙
펴낸 곳 _ (주) 도서출판 보리
출판등록 _ 1991년 8월 6일 제 9-279호
주소 _ 경기도 파주시 직지길 492 (우편번호 10881)
전화 _ (031)955-3535 / 전송 _ (031)950-9501
누리집 _ www.boribook.com  전자우편 _ bori@boribook.com

ⓒ 홍영우, 보리, 2020
이 책의 내용을 쓰고자 할 때는 저작권자와 출판사의 허락을 받아야 합니다.
잘못된 책은 바꾸어 드립니다.

값 20,000원
보리는 나무 한 그루를 베어 낼 가치가 있는지 생각하며 책을 만듭니다.

ISBN 979-11-6314-149-5  76910
이 도서의 국립중앙도서관 출판예정도서목록(CIP)은 서지정보유통지원시스템 홈페이지(http://seoji.nl.go.kr)와
국가자료공동목록시스템(http://www.nl.go.kr/kolisnet)에서 이용하실 수 있습니다. (CIP 제어번호 : CIP2020041524)

제품명:도서 제조자명:(주)도서출판 보리 주소:(10881) 경기도 파주시 직지길 492 전화번호:(031)955-3535 제조년월:2023년 5월
제조국:대한민국 사용연령:8세 이상 주의사항:책의 모서리가 날카로우니 다치지 않게 주의하세요. KC 마크는 이 제품이 공통안전기준에 적합하였음을 의미합니다.